Svenja Rippe

CW00450138

Unterrichtsstunde: Wir bauen eine Brücke für Dr
in der Grundschule

Svenja Rippe

Unterrichtsstunde: Wir bauen eine Brücke für Dr. Fröhlich - Statisch-konstruktives Bauen in der Grundschule

GRIN Verlag

Bibliografische Information der Deutschen Nationalbibliothek: Die Deutsche Bibliothek verzeichnet diese Publikation in der Deutschen Nationalbibliografie; detaillierte bibliografische Daten sind im Internet über http://dnb.d-nb.de/ abrufbar.

1. Auflage 2008
Copyright © 2008 GRIN Verlag
http://www.grin.com/
Druck und Bindung: Books on Demand GmbH, Norderstedt Germany
ISBN 978-3-640-38485-3

Unterrichtsvorbereitung

Name: Svenja Rippe
Schule:

Klasse: 2
Schülerzahl:
Mentorin:
Fach: Sachunterricht
Datum: 9.12. 2008
Zeit: 8.40 – 9.25 Uhr
Ausbilderin:

Thema der Unterrichtseinheit
Wir bauen Brücken
-Erste Erfahrungen mit statisch-
konstruktivem Bauen-

Thema der Unterrichtsstunde
Eine Brücke für Dr. Fröhlich

1. Übersicht über die Einheit 1
2. Lernbedingungen 1
    2.1 Allgemeine Lernbedingungen 1
    2.2 Spezielle Lernbedingungen 3
3. Sachanalyse 3
4. Didaktische Überlegungen 4
5. Methodische Überlegungen 6
6. Lernziele 8
    6.1 Stundenziel 8
    6.2 Feinlernziele 8
7. Verlaufsplan 9
8. Literatur 10

1. Übersicht über die Einheit

Im Sachunterricht sollen die SuS erste Erfahrungen mit der Thematik „Bauen und Konstruieren"
machen. Zunächst auf naiv-spielerische Weise. In dieser Einheit sollen die Kinder handelnd und
entdeckend an ersten technischen Problemstellungen arbeiten.
Die Einheit bietet somit eine erste Hinführung zum statisch-konstruktivem Bauen.

Stunde	Inhalt	Lernziel
1	**„Eine Brücke für Dr. Fröhlich"** **Die SuS bauen in Partnerarbeit Brücken in Kragenbauweise.**	**SuS lernen statisch-konstruktive Grundprinzipien der Kragbogenbrücke kennen, indem sie durch Probieren die Notwendigkeit eines Gegengewichtes erkennen.**
2	Vertiefung der ersten Stunde: SuS setzen sich intensiver mit dem Prinzip der Auskragung und der Verwendung eines Gegengewichtes zum Erreichen von Stabilität auseinander.	SuS lernen das Prinzip des Mauerverbands kennen.
3	Die SuS fertigen Zeichnungen ihrer Bauwerke an.	Sie lernen das Prinzip einer Kragbogenbrücke zeichnerisch zu dokumentieren.
4	SuS bauen Balken- und Bogenbrücken aus Papier. In einer schematischen Zeichnung werden die Brücken dokumentiert.	SuS lernen Balken- und Bogenbrücken kennen.
5	SuS führen Versuche durch, um die Stabilität beider Brücken zu vergleichen.	SuS lernen, dass eine Bogenbrücke stabiler ist als eine Balkenbrücke.

2. Lernbedingungen

2.1 Allgemeine Lernbedingungen

Die Klasse 2a wird von 23 Kindern (11 Jungen, 12 Mädchen) besucht. Die Klassenlehrerin Frau
E. unterrichtet die Kinder seit Beginn der 1. Klasse. Sie unterrichtet dort Mathe, Deutsch,
Sachunterricht, Kunst und evangelische Religion und ist somit täglich mehrere Stunden in ihrer
Klasse. Ich unterrichte Sachunterricht seit ca. 8 Wochen in dieser Klasse in Doppelsteckung mit
meiner Mentorin und hospitiere darüber hinaus noch 3 weitere Stunden wöchentlich in Mathematik
und Deutsch.

Im Allgemeinen herrscht in der Klasse eine angenehme und freundliche Atmosphäre. **Das Arbeits-
und Sozialverhalten ist im Großen und Ganzen gut.** Die Kinder gehen freundlich miteinander
um, jedoch wenn Absprachen getroffen werden müssen oder auch in den Pausen kommt es häufig
zu Streit zwischen einzelnen Kindern.

Das Leistungsvermögen der Kinder ist jedoch sehr unterschiedlich.

▬▬▬▬▬▬▬▬▬ und ▬▬▬ tragen im Wesentlichen zum Unterrichtsgeschehen bei. Sie
arbeiten in der Regel intensiv im Unterricht mit und können Arbeitsaufträge schnell und
konzentriert umsetzen.

Auch ███ beteiligt sich häufig im Unterricht und ist engagiert, jedoch bringen seine Beiträge das Unterrichtsgeschehen nicht in dem Maße voran, wie bei den oben genannten Kindern. ███ und ███ sind auch zu den leistungsstarken Kindern zu zählen, jedoch melden sie sich selten aus eigener Initiative und müssen oft ermuntert werden. Ihre Beiträge sind jedoch gut. Arbeitsaufträge können sie schnell und konzentriert umsetzen. ███ gehört neben ███ und ███ zu den Kindern die mit Arbeitsaufträgen meist sehr schnell fertig sind.

███ ist zwar in den Arbeitsphasen schnell und gut, jedoch meldet sie sich nur selten. Oft scheint ihr spontan etwas einzufallen, woraufhin sie sich meldet. Wenn sie jedoch drangenommen wird, zieht sie ihre Meldung zurück und möchte auch wenn sie ermuntert wird nichts sagen. **Sie ist gelegentlich durch Gespräche mit Sofie abgelenkt und muss daran erinnert werden, welche Arbeits- und Gesprächsregeln gelten.**

Antonia und **Marius** sind eher still und zurückhaltend. Jedoch können sie sehr konzentriert arbeiten und es fällt ihnen leicht Arbeitsaufträge umzusetzen. Wenn sie sich am Unterrichtsgeschehen beteiligen bringen sie dieses meist mit guten Beiträgen voran.

██████████ und ███ befinden sich im mittleren bis oberen Leistungsfeld. Sie sind im Unterricht ebenfalls motiviert und beteiligen sich aktiv, jedoch fällt es ihnen teilweise noch schwer Schlussfolgerungen aus Sachverhalten zu ziehen und Dinge zu begründen.

███ und ███ beteiligen sich wenig am Unterrichtsgeschehen. Arbeitsaufträge können sie in der Regel umsetzen, jedoch langsamer als oben genannte Kinder.

███ und ███ gehören zu den eher schwachen Kindern. Sie sind aber trotzdem bemüht sich am Unterrichtsgeschehen zu beteiligen und diesem zu folgen. ███ hat Probleme Arbeitsaufträge schnell zu lesen und diese zu erfassen bzw. Dinge schriftlich zu erarbeiten, da er eine Lese-Rechtschreibschwäche hat.

███ und ███ arbeiten im Unterricht kaum mit. Das Umsetzen von Arbeitsaufträgen fällt ihnen schwer.

███ arbeitet im Unterricht gar nicht mit. Er schafft es kaum Arbeitsaufträge umzusetzen und diese in einer angemessenen Zeit zu bearbeiten. Er ist unkonzentriert und auch trotz mehrmaligen direkten Ansprechens scheint er sich nicht auf den Unterricht konzentrieren zu können.

Zur visuellen Unterstützung gibt es Symbolkarten, die an die Tafel gehängt werden. Diese zeigen die jeweilige Arbeitsphase an. Es gibt diese Karten für Zuhören, Flüstern, Leise sein und Lesen. In der Regel erinnert es die Kinder daran und verstärkt das gewünschte Arbeitsverhalten.

Die Triangel ist für die Kinder ein bekanntes Ritual, welches das Ende oder Unterbrechungen von Arbeitsphasen ankündigt oder die Kinder daran erinnert leiser zu arbeiten.

2

2.2 Spezielle Lernbedingungen

Die SuS stehen dem Fach Sachunterricht sehr motiviert und interessiert gegenüber. Die heutige Stunde ist die Einführungsstunde zu dem Thema „Brückenbau". Im Sachunterricht haben die SuS noch keine Erfahrungen mit dem Thema Bauen gesammelt. Allerdings sind sicherlich die meisten Kinder mit diesem Thema in Berührung gekommen. Einige haben spielerisch zu Hause oder auch im Kindergarten erste Bauerfahrungen mit Holzbausteinen oder Baukästen sammeln können. Auch die Kinder, die vielleicht noch nie etwas gebaut haben, kennen aus ihrer Umwelt verschiedene Bauwerke und natürlich auch Brücken. Diese Vorerfahrungen der Kinder sind für diese Stunde ausreichend.

Der Stundeneinstieg und auch die Reflexionsphase finden im Sitzkreis statt. In der Klasse ist hierfür eine Ecke mit Bänken eingerichtet. Der Sitzkreis ist den SuS sehr vertraut. Jedoch muss hier darauf geachtet werden, dass bestimmt Kinder nicht zusammen sitzen. ▮▮▮ sollte auf keinen Fall neben ▮▮▮ sitzen. Jedoch lenkt Edgar auch andere Kinder ab, wenn sie neben ihm sitzen, jedoch nicht so stark wie Robin. **Daher werden die Kinder Gruppenweise in den Sitzkreis gehen, so dass ich darauf achten kann, welche Kinder wo sitzen.**

Die Konstruktionsphase findet in Partnerarbeit statt. Diese Arbeitsform ist den SuS bekannt und in der Regel können kooperieren sie gut miteinander.

▮▮▮ **hat in der Klasse leider eine Außenseiterrolle. Daher übernehme ich hier die Zuweisung zu einer Gruppe. Da es 23 Kinder sind, erfordert dies sowieso die Bildung einer Dreiergruppe.** ▮▮▮ **wird mit** ▮▮▮ **und** ▮▮▮ **zusammen arbeiten, da beide ein sehr gutes Sozialverhalten haben und schon mit ihm zusammengearbeitet haben.**

3. Sachanalyse

Unter einer Brücke versteht man ein Bauwerk, welches einen Übergang über Wasser, Täler, Straßen oder andere Verkehrswege möglich macht.

Die Kragbogenbrücke gilt als die älteste steinerne Brückenform. Sie stammt aus der vorrömischen Zeit.

Die Konstruktionsweise dieser Brücke entwickelte sich aus dem Erfordernis größere Abstände zu überbrücken, bei denen Balkenbrücken ungeeignet waren.

Das Konstruktionsprinzip besteht darin, dass ein Stein über den anderen vorgeschoben wird, und zwar genau so weit, dass der Stein nicht kippen kann. Dieses Vorschieben wird auch vorkragen genannt, was den Ursprung für den Namen der Brücke gibt.

Das Gleichgewicht des vorgekragten Steines wird erreicht, indem sein Schwerpunkt über dem des unteren Steines liegt. Wenn jedoch der auskragende Teil durch eine zusätzliche Last beansprucht wird, also etwa durch weitere Steine die auf ihm lasten, dann ist die Standsicherheit der auskragenden Steine nicht mehr gewährleistet. Die auskragenden Steine würden kippen oder im schlechtesten Fall das gesamte Bauwerk.

Aus statisch-konstruktiver Sicht ist es daher notwendig, dass Gegengewichte verwendet werden.

Wie oben erwähnt, sind Kragbogenbrücken instabile Konstruktionen[1]. Stabilität erreichen sie erst durch die Vertikalkraft der darüberliegenden Steine. Je weiter der Stein auskragt, desto größer muss also der vertikale Druck sein. Die Kragbogenbrücke ist also ein Bauwerk, welches ausschließlich Druckkräfte aufnehmen muss. Hier werden die Eigenschaften des Steines ausgenutzt. Er hält große Druckkräfte aus, jedoch nur eine vergleichsweise geringe Zugkräfte, wie sie zum Beispiel bei Balkenbrücken wirken. Durch das Auskragen der Steine beim Aufschichten stützen sich die Steine somit gegenseitig und müssen nur Druckkräfte aufnehmen.[2]

Statik ist ein Begriff, der in vielen Bereichen vorkommt. In der Physik bildet die Statik ein Teilgebiet der Mechanik. Statik bedeutet, dass Kräfte in einem Gleichgewicht stehen, und zwar so, dass der Körper, auf den die Kräfte wirken sich nicht bewegt.

Im Bauwesen ist Statik eine andere Bezeichnung für „Tragwerkslehre".

Der Begriff Konstruktion bedeutet im Allgemeinen Aufbauen oder Errichten von Gebilden[3]. Im Bauwesen bezeichnet der Begriff das Gefüge von Bauteilen bei einem Bauwerk oder Gebäude[4]. Die Statik ist die Grundlage für die Konstruktion eines Bauwerkes.

Kragbogenbrücken werden eigentlich, wie oben erwähnt, aus Steinen gebaut. In der heutigen Stunde werden jedoch Holzbausteine verwendet. Diese sind für die SuS leichter in der Handhabung und stellen dennoch einen adäquaten Ersatz dar, da sie ebenfalls ein verhältnismäßig massives Material sind.

Die Bedingungen des Gleichgewichtes zu verbalisieren stellt für Kinder in dieser Altersstufe eine hohe intellektuelle Leistung dar. Daher wird in der Reflexionsphase diese Thematik auf der begrifflichen Ebene reduziert. Auf die Begriffe „auskragen", „Druck" oder „Schwerpunkt" wird verzichtet, dafür werden hier kindgemäße Formulierungen gewählt.

4. Didaktische Überlegungen

Die Unterrichtseinheit ist dem hauptsächlich dem Lernfeld Technik im Teil B des Rahmenplans zuzuordnen.

Die SuS bauen mit Bauklötzen Brücken. Auf spielerische Art lernen sie verschiedene Konstruktionsweisen und –möglichkeiten kennen und probieren diese eigenständig aus. Sie lernen auf Standfestigkeit zu achten und ihr Bauwerk daraufhin zu überprüfen.

Diese Thematik erreicht jedoch auch eine Vernetzung der Lernfelder untereinander. Das Bauen mit Holzklötzen ist ein Bestandteil des Lernfeldes Raum. Die SuS entwickeln durch das Bauen und Konstruieren mit den Holzsteinen ein erstes „Verständnis für unterschiedliche Raumdarstellungen"[5].

Neben der Zugehörigkeit zu den beiden Lernfeldern des Rahmenplans wird die Thematik „Brückenbau" auch den allgemeinen Zielen und Aufgaben, sowie den fachdidaktischen

---

[1] Vgl. Lambert, Anette: Brücken - Türme -Häuser S. 113
[2] Vgl. Köthe, Rainer:Brücken, Was ist Was, Band 91, S.9
[3] Vgl. http://de.wikipedia.org/wiki/Konstruktion (3.12.08)
[4] Vgl. ebd.

Grundsätzen des Sachunterrichts gerecht. Wie bereits erwähnt, werden Lernfelder des Faches sinnvoll miteinander verknüpft.[6]

„Die Themen des Sachunterrichts ... seien aus der Umwelt der Kinder zu gewinnen"[7]. Sie sehen täglich Brücken und durch den Wohnort an der Fulda ist den Kindern die Notwendigkeit dieser Bauwerke zur Überbrückung von größeren Abständen bekannt.

Die SuS finden den Zugang zum Sachverhalt auf naiv-spielerische Weise durch Ausprobieren. Dies berücksichtigt auch die unterschiedlichen Lernebenen der Kinder.

Beim statisch-konstruktiven Bauen wird den Kindern durch Ausprobieren verschiedener Konstruktionsweisen der Zugang zu theoretischen Sachverhalten erleichtert. In der geschaffenen Lernsituation ergeben sich somit „Schnittpunkte zwischen der thematisch-inhaltlichen Ebene und der Handlungsebene"[8]. Dies ermöglicht den SuS, sich handelnd mit einem theoretischen Lerninhalt auseinanderzusetzen.

Die Lernsituation ermöglicht eine Vernetzung der Lernfelder Technik und Raum mit den Qualifikationen „Gespräche führen", „Experimentieren/Untersuchen/Konstruieren" und „Probleme lösen und kritisch denken".

Die SuS können aktiv an einem Kreisgespräch teilnehmen. **Dabei müssen sie zum Einen auf andere Kinder und deren Beiträge und zum Anderen aber auch auf die Gesprächsregeln achten.** Sie lernen einen Sachverhalt darzustellen und ihre Lösungen zu erklären.

In der Konstruktionsphase können die Kinder durch eigenes Handeln herausfinden, dass für den Bau einer stabilen Brücke der Einsatz von Gegengewichten notwendig ist.

Sie können in der geschaffenen Lernsituation ein Sachproblem entdecken und nach Lösungen suchen.

Auch zu anderen Teilen des Rahmenplans lassen sich Bezüge herstellen:

Teil /Seite	Inhalt des Rahmenplans	Bezüge zur Stunde
Teil A; S. 15/16	Soziale Erfahrungen	SuS arbeiten partnerschaftlich
Teil A; S. 24	Erfahrung mit Natur und Technik	SuS lernen den Nutzen von Brücken kennen
Teil A; S. 24	Raumerfahrungen	SuS kommen im Kreis zusammen
Teil A; S. 27	Orientierung am Kind und seiner Umwelt	SuS kennen Brücken aus ihrer Lebenswelt
Teil A; S. 28	Handlungsorientierung	SuS setzen sich handelnd mit der Problemstellung des Brückenbaus auseinander
Teil A; S. 30	Lernen in Situationen	SuS werden durch die Geschichte zum Handeln und Denken herausgefordert
Teil C; S. 285	Im Kreis zusammenkommen	Einstiegs- und Reflexionsphase

---

[5] Vgl. Rahmenplan Grundschule, S. 134
[6] ebd. S. 123
[7] ebd. S. 123
[8] ebd. S. 124

5

Teil C; S. 291	Feste, Feiern, Regeln und Rituale	SuS müssen sich an die Gesprächsregeln halten; Regeln der Partnerarbeit werden wiederholt

Im Perspektivrahmen Sachunterricht ist das Thema der technischen Perspektive zugeordnet. Die Kompetenz „wichtige technische Verfahrensweisen anwenden können"[9] kann durch den Unterrichtsgegenstand erreicht werden, denn die Aktivitäten Planen, Bauen und Konstruieren sind ein wichtiger Bestandteil davon.

Die SuS nähern sich in der heutigen Stunde dem technischen Phänomen des Gleichgewichts durch Versuche und technische Experimente. Sie können dabei „durch einfache technische Experimente grundlegende technische Wirkungsprinzipien erkunden"[10].

5. Methodische Überlegungen

Der Stundeneinstieg erfolgt im Sitzkreis. Dieser fokussiert die Aufmerksamkeit der Kinder. In der Klasse ist es aus räumlichen Gründen nicht möglich einen Sitzkreis aus Stühlen zu stellen. Daher gibt es in der Klasse eine Ecke mit Bänken. **Um Unruhe zu vermeiden sollten Edgar und Robin nicht unmittelbar nebeneinander sitzen.**

Nun wird die Geschichte von Dr. Fröhlich vorgelesen. Diese dient als problemorientierter Einstieg und motiviert die Kinder. Dr. Fröhlich schreibt einen Brief an den Bürgermeister. Die Antwort ist als Brief gestaltet. Dies motiviert die Kinder zusätzlich, da sie in Deutsch gerade Wunschzettel geschrieben und diesen zur Post gebracht haben. Darüber hinaus wird in der Klasse gerade die Geschichte von Felix gelesen und hier spielen Briefe eine essentielle Rolle. Die Geschichte dient als Impuls zur Problemfindung. Danach wird ein Tonkartonbogen in die Sitzkreismitte gelegt. Dieser ist grün, was das Land symbolisiert, mit einem aufgeklebten blauen Streifen, dieser symbolisiert den Fluss. Dazu werden Spielfiguren gelegt und ein Papierboot. Die Kinder sollen nun die Situation aus der Geschichte nachstellen. Dies dient der Verständnissicherung.

Die Kinder sollen nun Vermutungen äußern, was in der Stunde getan werden soll. Als Impuls dient das Hinzulegen von Holzbausteinen. Falls ein weiterer Impuls nötig sein sollte, kann den Kindern die Frage gestellt werden:„Wie können wir Dr. Fröhlich helfen?".

Die Kinder erarbeiten so die Problemstellung und den Arbeitsauftrag eigenständig, was die Selbstständigkeit fördert und fordert.

Die Kinder sollen also eine Brücke aus Holzbausteinen bauen, die bestimmte Kriterien erfüllt. Sie muss stabil sein, kein Stein der Brücke darf das Wasser berühren und die Boote müssen noch immer hindurchfahren können.

Der Arbeitsauftrag sollte mindestens einmal wiederholt werden. Dies dient der Vertiefung und der Verständnissicherung.

Die Kinder erhalten den Hinweis, dass in der Klasse Hilfestationen angeboten werden. Hier liegen Karten, die den Kindern entsprechende Bautipps geben, falls notwendig.

---

[9] Perspektivrahmen Sachunterricht, S. 19
[10] S. 20

6

Den Hinweis auf Partnerarbeit erhalten die Kinder erst nachdem der Arbeitsauftrag geklärt ist. Ebenso den Hinweis, dass sie mit ihrem Sitznachbarn arbeiten werden. Auch Patricks Aufteilung zu einer Dreiergruppe mit Emma und Jana wird festgelegt. So kann Unruhe vermieden werden und bei Patrick die Frustration, wenn kein Kind mit ihm zusammen arbeiten möchte. An dieser Stelle werden die Regeln für die Partnerarbeit noch mal von einem Kind wiederholt. Dies dient dazu, dass die Regeln für alle Kinder noch einmal präsent sind und klar ist, woran sich gehalten werden soll.

Die Kinder setzen sich für die Konstruktionsphase wieder auf ihre Plätze.

Den Kindern wird erklärt, dass sie jetzt ihr Material bekommen. Sie bekommen eine Zeitvorgabe für die Bauphase. Dies dient der Transparenz für die Kinder.

Der Arbeitsauftrag wird noch ein weiteres Mal wiederholt als Absicherung, dass es keine Verständnisprobleme gibt.

Die Kinder erhalten ihr Material und können mit dem Bauen direkt beginnen. Diese Reihenfolge ist so gewählt, da ein Wiederholen des Arbeitsauftrages bei schon vorliegendem Material dazu führen würde, dass die Kinder nicht mehr konzentriert zuhören, da die Spannung und Vorfreude auf das Bauen überwiegt.

Die Bauphase wird durch ein akustisches Signal beendet. Dies ist in der Klasse ritualisiert. Somit ist es den Kindern bekannt, dass nun etwas angekündigt wird oder eine Phase endet.

Für die Reflexionsphase kommen die Kinder wieder im Sitzkreis zusammen. Dieser dient erneut der Fokussierung der Aufmerksamkeit. Eine Reflexionsphase am Sitzplatz wäre ungeeignet, da die Kinder noch ihre Bauwerke zur Verfügung haben und dies die Aufmerksamkeit ablenken würde.

Die Kinder sollen von ihren Bauerfahrungen berichten. Dies dient dazu, dass was sie handelnd erfahren haben zu verbalisieren.

Mindestens eine Zweiergruppe soll die Brücke auf dem großen Bogen nachbauen. Dies dient der Veranschaulichung. Hier ist es wichtig, dass die Breite des Flusses mit der auf den Bögen der Kinder übereinstimmt.

Im Gespräch soll die Notwendigkeit eines Gegengewichtes herausgearbeitet werden. Hierbei geht es nicht um die Verwendung von Fachbegriffen. Die Kinder können auch das Bauwerk in der Sitzkreismitte als Hilfe zum Verbalisieren benutzen.

Die Stunde wird mit Hinweis darauf beendet, dass in der nächsten Stunde die Brücken noch genauer betrachtet werden sollen. Dies dient erneut der Transparenz.

Die Stunde wird beendet, indem die Kinder auf ihre Plätze gehen und ihr Material aufräumen sollen.

6. Lernziele

6.1 Stundenziel

Die SuS lernen statisch-konstruktive Grundprinzipien der Kragbogenbrücke kennen, indem sie durch Probieren die Notwendigkeit eines Gegengewichtes erkennen.

6.2 Feinlernziele

Die SuS sollen...

...im kognitiven Bereich:

- sich auf spielerische und problemorientierte Weise mit der Überbrückung einer Distanz auseinander setzen, die größer ist als die Länge der vorhandenen Holzbausteine
- durch handelndes Tun Strategien zur Problemlösung entwickeln

...im sozial-affektiven Bereich:

- **ihre Sozialkompetenz verbessern, indem sie kooperativ zusammen arbeiten**
- **andere Kinder respektieren und Rücksicht aufeinander nehmen, indem sie sich an vereinbarte Gesprächs- und Arbeitsregeln halten**

...im psychomotorischen Bereich:

- **mit den Unterrichtsmaterialien sorgsam umgehen**
- ihre feinmotorischen Fähigkeiten schulen

7. Verlaufsplan

Zeit/Phase	Unterrichtsgeschehen	Didaktisch-Methodischer Kommentar	Sozialformen, Methoden, Medien
15 min *Einstieg*	Begrüßung und Vorstellung der Gäste	Der Sitzkreis fokussiert die Aufmerksamkeit	Sitzkreis
	Geschichte von Dr. Fröhlich wird vorgelesen	Geschichte erweckt die Spannung auf den Stundeninhalt	*Geschichte*
	Geschichte wird besprochen, Kinder stellen die Figuren entsprechend der Geschichte auf		*Tonkartonbogen mit aufgeklebtem Fluss, Spielzeugfiguren (Dr. Fröhlich, Tiere), Papierboot*
	Kinder äußern erste Vermutungen, Arbeitsauftrag wird erarbeitet	Selbstständigkeit der Kinder wird gefördert und gefördert Zieltransparenz durch Arbeitsauftrag	*L-S Gespräch*
	Kinder erhalten den Hinweis auf die ausliegenden Hilfestationen	Bietet die Möglichkeit zur Differenzierung	
	Kinder wiederholen den Arbeitsauftrag	Wiederholung dient der Festigung und Überprüfung ob der Arbeitsauftrag verstanden wurde	
	Regeln für die Partnerarbeit werden wiederholt		
20 min *Konstruktionsphase*	Die Kinder erhalten ihr Material und beginnen zu bauen	Handelnder Umgang, hoher Aufforderungscharakter	*Partnerarbeit* *Holzbausteine,* *Papierboot,* *Bogen aus Tonkarton mit aufgeklebtem Fluss*
10 min *Reflexionsphase*	Einzelne Schüler berichten über ihre Bauerfahrungen. Mindestens eine Gruppe baut ihre Brücke auf dem großen Tonpapierbogen nach.	Ergebnissicherung, Veranschaulichung	*Sitzkreis* *Holzbausteine,* *Tonkartonbogen mit aufgeklebtem Fluss,*
	L. gibt einen Ausblick auf die nächste Stunde	Transparenz	*Figuren, Papierboot*

8. Literatur

Hessisches Kultusministerium (1995): *Rahmenplan Grundschule*; Frankfurt; Diesterweg Verlag

Gesellschaft für Didaktik des Sachunterrichts (2002): *Perspektivrahmen Sachunterricht*

Heinrich, Bert (1989): *Brücken -Vom Balken zum Bogen-*; Hamburg; Rowohlt Taschenbuch Verlag GmbH

Lambert, Anette; Reddeck, Petra (2007): *Brücken - Türme - Häuser, Statisch-konstruktives Bauen in der Grundschule*; Kassel; kassel university press

Ullrich, Heinz; Klante, Dieter (1994): *Technik im Unterricht der Grundschule*; Villingen-Schwenningen; Neckar-Verlag GmbH

Zeitschriften:

Weltwissen Sachunterricht; Heft 3/2008; Westermann

Internet:

http://de.wikipedia.org/wiki/Baustatik (3.12.08)

http://de.wikipedia.org/wiki/Konstruktion (3.12.08)

9. Anhang

Dr. Fröhlich muss über den Fluss

Der Tierarzt Dr. Fröhlich wohnt direkt an einem Fluss, auf dem man viele schöne Boote beobachten kann.

Seit Tagen überlegt er, ob man von seinem Haus nicht schnell auf die andere Flussseite kommen kann.

Wenn nämlich die Tiere auf der anderen Flussseite krank werden, muss er immer so weit fahren, bis er die nächste Brücke erreicht und so auf die andere Flussseite kommt.

Dr. Fröhlich fände es toll, wenn er direkt vor seinem Haus eine Brücke hätte.

Dem Bürgermeister hat Dr. Fröhlich schon von seiner Idee erzählt. Der findet sie großartig, weil Dr. Fröhlich so den Tieren auf der anderen Seite des Flusses viel schneller helfen kann.

Der Bürgermeister schlägt vor, eine Brücke aus Steinen zu bauen. Die Brücke muss aber so gebaut werden, dass die Boote auf dem Fluss noch hindurchfahren können.

Lieber Dr. Frohlich!

Vielen Dank für Ihren Brief!

Ihre Idee, eine Brücke vor ihrem Haus zu bauen finde ich toll!

So können Sie den Tieren auf der anderen Flussseite viel schneller helfen!!!

Ich denke die Brücke sollte <u>unbedingt</u> aus Steinen gebaut werden, damit sie

richtig stabil ist!

Und wir mussen daran denken, dass unsere Boote noch weiter

hindurchfahren konnen!!!!

Da das Ufer so steil ist, schlage ich vor, dass kein Stein das Wasser berühren

sollte!

Nun hoffe ich, dass wir bald eine Brücke nach diesen Wunschen haben
werden!!!

Bis dahin,
Grusse,

Ihr Burgermeister

Lightning Source UK Ltd.
Milton Keynes UK
UKRC021928180619
344646UK00001B/5